CLEBERSON EDUARDO DA COSTA

LA INDUSTRIA CULTURAL

Y

LA CREACIÓN DEL MITO DEL PRÍNCIPE ENCANTADO

Atsoc Editions

Estamos ante una catástrofe, en lo que respecta a la formación de hombres y mujeres:

"Tanto en las familias llamadas ricas como en las pobres, con muy pocas excepciones, las mujeres se educan para ser egoístas; casarse por dinero; casarse con hombres ricos y / o prósperos, aunque se rindan por sentimientos y, los hombres, de otra manera paradójica y / o diferente, ser prejuiciosos y conservadores, es decir, promiscuos y polígamos, aunque estén en la condición de dichos padres de família ... ".

CLEBERSON EDUARDO DA COSTA

LA INDUSTRIA CULTURAL

Y

LA CREACIÓN DEL MITO DEL PRÍNCIPE ENCANTADO

Atsoc Editions
3

Título: LA INDUSTRIA CULTURAL Y LA CREACIÓN DEL MITO DEL PRÍNCIPE ENCANTADO

1a edición en portugués

Todos los derechos reservados para esta edición: el autor

Autor

Cleberson Eduardo da Costa

Cubrir

Ediciones Atsoc - editor

Ilustración

Atsoc Editions-editorora

Idealización

El autor

Diseño gráfico y editorial

Ediciones Cleberson Eduardo da Costa & Atsoc - editor

Datos de catalogación internacional en la fuente de todos los derechos de autor

---

C00156A Costa, Cleberson Eduardo Da.

La industria cultural y la creación del mito del príncipe encantado. / Cleberson Eduardo da Costa. - Río de Janeiro: Ediciones Atsoc - editorial, 2018.

1. Relacion matrimonial; 2. Hombres y mujeres; 3. Educación de jóvenes y adultos; 4. Sociología; 6. Filosofía; 7. La industria cultural y la creación del mito del príncipe encantado. I titulo.

4

5

PREFACIO

Las sociedades capitales, a partir del desarrollo de la Industria Cultural, crearon dos tipos estandarizados y / o ideales de hombres y mujeres, la mayoría de las veces paradójicos en sí mismos, como por ejemplo:

1- Hombres que, al mismo tiempo, son ricos, inteligentes, musculosos, elegantes, fieles a sus seres queridos, cariñosos y los llamados padres de familia, es decir, las representaciones ficticias de dichos príncipes encantados;

2- Mujeres que, a la vez, se dice que son del tipo de familia, bien educadas, fieles, amas de casa, madres ejemplares y, de la misma manera, también esclavas sexuales, calientes, sexuales, seductoras, etc.

Resulta que estos dos supuestos ideales de hombres y mujeres son paradójicos y, por lo tanto, con muy raras excepciones, no existen en el mundo real. En el mundo concreto, fuera de la ficción, se dice que los hombres son ricos (estereotipos de príncipes encantados); guapas, musculosas, elegantes, etc., salvo raras excepciones, no buscan una sola mujer para una relación, sino varias, utilizándolas como objetos o productos desechables; y, en ese sentido, tampoco buscan ser padres, etc. Es decir, los hombres, en estas condiciones, casi siempre no piensan en tener una relación con una mujer soltera: ellos, en la mayoría de los casos, son solo para muchas mujeres "amados" y / o idealizados como la llamada solución ideal para sus vidas.

Por otro lado, de lo femenino ocurre lo mismo:

> "Muchas mujeres que buscan, a toda costa - hacer plásticos, clases intensivas de gimnasia, colocar prótesis de silicona,

etc. -, invirtiendo masivamente en la búsqueda de la belleza, intentando así entrar en dicho estándar de belleza, no lo hacen para poder relacionarse con una sola pareja, sino para ser "amados" y / o deseados por varios (a). "

Además de utilizar los estudios de Theodor Adorno sobre la Industria Cultural, también abordaremos estos temas entendiendo cómo hombres y mujeres han sido históricamente endocultivados desde una perspectiva y análisis filosóficamente crítico, dentro de los planos sociológico y antropológico, es decir, que involucran los procesos ideológicos fragmentados y / o fragmentarios de socialización (Donald Levine) sistematizados en las sociedades capitalistas occidentales posmodernas.

El autor

SOBRE EL AUTOR

Cleberson Eduardo da Costa (más de 100 libros publicados, muchos de ellos traducidos a otros idiomas), nacido en Rio de Janeiro, licenciado en Pedagogía (UERJ - Universidad Estatal de Rio de Janeiro / 1995-1998), Postgrado en Educación (UCAM - Universidade Candido Mendes), Postgrado en Filosofía y Derechos Humanos (UCAM - Universidad Candido Mendes), Magíster y Doctor (libre) en Filosofía del conocimiento (epistemología) y Pedagofosofía Clínica (FUNCEC - investigación, docencia y extensión), Investigadora, Profesora , Especialista en metodología de la educación superior, Licenciatura en Fundamentos, Sociología, Psicología y Filosofía de la Educación, Didáctica, EJA (Educación de jóvenes y adultos) etc.

Además, fue alumno especial de la Maestría en Educación (1999-2001 / PROPED / UERJ), matriculado, previa aprobación en concurso, en las disciplinas [seminarios de investigación] "ESTATUTO FILOSÓFICO" (impartido y coordinado por la profesora Dra. Lilian do Valle); y

"POLÍTICAS EDUCATIVAS EN BRASIL Y AMÉRICA LATINA" (impartido y coordinado por el Profesor Dr. Pablo Gentili).

También estudió en el curso de MBA en Dirección de Empresas de FUNCEFET / RJ / Região dos Lagos (2003-2005); en el Posgrado en Administración y Planificación de la Educación de la UERJ (1999-2000); y realizó varios cursos gratuitos y / o de perfeccionamiento en las áreas de filosofía y psicoanálisis por diferentes instituciones, incluyendo FGV (Fundação Getúlio Vargas) y SBPI (Sociedad Brasileña de Psicoanálisis Integrado). De 1998 a 2008 se desempeñó como profesor de educación superior (Instituto de Educación Superior de UCAM / Universidad Cândido Mendes) en los campus universitarios de Niterói, Nova Friburgo, Araruama, Rio de Janeiro, Teresópolis, Rio das Ostras, etc.

Participó (en su trayectoria intelectual profesional y / o académica) en diversas investigaciones, como por ejemplo, el proyecto UERJ-DEGASE, relacionado con (EJA) y también en investigaciones centradas en problemas políticos, filosóficos y pedagógicos con profesores de renombre, como Pablo. Gentili (UERJ / CLACSO), Cleonice Puggian (UNIGRANRIO), Carla Imenes (UEPG), Cristiane silva Albuquerque (UERJ), Marco Antonio Marinho dos Santos (OCA / RJ) entre muchos otros. Actualmente se dedica a la docencia universitaria; investigación educativa; consultorías relacionadas con la educación, en el sentido de superación, superación y desarrollo humano; charlas académicas y multiorganizacionales y trabajos en los más diversos campos del conocimiento.

CONTENIDO

UNIDAD I
LA INDUSTRIA CULTURAL
Y

LA CREACIÓN DEL MITO DEL PRÍNCIPE ENCANTADO

I CAPÍTULO - ¿QUÉ ES LA INDUSTRIA CULTURAL?

I

La edad moderna, erigida a partir de los siglos XV y XVI, bajo principios y valores humanistas y renacentistas, con sus raíces científicas y / o cartesianas sintetizadas en su "pienso, luego existo", sistematiza dicho pensamiento racional, en oposición a la metafísica. (filosofía) y teología, como eje de la construcción de una llamada nueva sociedad.

Por pensamiento racional, podemos entender un tipo de conocimiento que, lejos de explicaciones místicas (de religión), místicas (de mitos), abstractas y / o críticamente especulativas del mundo (filosofía), busca comprenderlo a partir de la comprensión de las leyes del mundo. la naturaleza, de una manera supuestamente probada, universalmente válida, sintetizada en la idea de "prever para proveer" y / o de "saber para controlar". En otras palabras, el pensamiento científico racional busca comprender el mundo, las leyes de la naturaleza y el universo, a partir de conocimientos sintéticos "a priori" que, posteriormente, a fines del siglo XVIII, fueron sintetizados y / o definidos por Kant como concretamente "los que son independientes de la experiencia", aunque se llegue precisamente a partir de ella (de la experiencia), es decir, de "proposiciones empíricas iniciales",

Para resumir, en palabras de la filósofa CHAUÍ, Marilena:

> "La modernidad puso fin a un proceso que la filosofía inició en Grecia: el desencanto del mundo, es decir, el paso del mito a la razón, de la magia a la ciencia y la lógica (...)".(CHAUÍ, Marilena. Invitación a la filosofía. São Paulo: Ática. 200. P. 422-423)

II

Sin embargo, lo que también hay que decir es que las pretensiones de la ciencia cartesiana acabaron corrompiéndose al fusionarse, por ejemplo, con los valores del capitalismo que, a su vez, entre otras cosas, siempre apunta a conquistar. nuevos mercados, él, ese mismo capitalismo:

1- Estos mismos principios de dicho conocimiento científico se utilizaron como mecanismos para, en primer lugar, apuntar a incrementar la producción:

2- Estandarizar la fabricación de productos y / o servicios y, posteriormente, a partir de la segunda Revolución Industrial, para:

3- Estandarizar también, como lo que convencionalmente se llama globalización:

4- Las diferentes culturas;

5- Las diferentes personas que les pertenecen, estandarizando así también, con el objetivo de abrir nuevos mercados comerciales:

6- Las formas de ser, en cuanto a aspectos morales y / o conductuales;

7- Las formas de pensar, en cuanto a la búsqueda, no de la verdad, sino de explicaciones lógicas;

8- Las formas de actuar, en cuanto a estándares éticos;

9- Las formas de sentir, con respecto a las formas de gustar y / o desagradar;

10- Las formas de ver, con respecto a los estándares estéticos y / o lo que se debe ver o considerar hermoso o hecho.

Este proceso se inició con la primera revolución industrial, que tuvo lugar en Inglaterra a finales de siglo. XVIII, donde los artesanos que antes dominaban todos los medios y etapas de la producción (inicio, medio y fin), se volvieron, por los dueños del capital, agrupados en fábricas, como proletarios, con el objetivo de incrementar la productividad, realizando tareas. científicamente estandarizado, específico, repetitivo, es decir, perder el conocimiento del todo.

Estos trabajadores, vendiendo su fuerza de trabajo a los dueños del capital, dentro de las fábricas, pasaban prácticamente todos los días, de 12 a 18 horas, realizando labores mecánicas, enajenados, recibiendo, por ello, un determinado salario.

Este proceso, que pronto se extendió a otros países del mundo en formas científicas más refinadas, se caracterizó por lo que convencionalmente se llamó capitalismo industrial y / o mercantilista y, poco después, con el surgimiento del llamado proceso productivo taylorista-Ford en América. del Norte, a principios del siglo XX, del capitalismo monopolista.

Posteriormente, con el inicio de la denominada fase toyotismo, es decir, con el surgimiento de un proceso productivo no menos estandarizado, pero también más flexible por el uso de altas tecnologías, se inauguró la llamada Era Global, con el llamado capitalismo financiero. , dando lugar a empresas multinacionales y también transnacionales.

Hoy, en la llamada era global, esta estandarización universal de los productos ha llegado al punto que la ciencia, subordinada al poder económico del capitalismo, por ejemplo, se propone investigar para descubrir técnicas y / o métodos especializados para la producción de sabores, olores artificiales, etc., permitiendo así la expansión comercial, a escala planetaria, de las denominadas grandes industrias de alimentos, bebidas, belleza y estándares estéticos, que involucran, por ejemplo, no solo cosméticos y fragancias, sino también el consumo de productos de silicona, con el objetivo de cambiar los aspectos anatómicos de hombres y mujeres.

III

Además, en otro aspecto, pero dentro del mismo universo específico del sujeto que aquí se trata, en esas mismas sociedades capitalistas posmodernas, ideológicamente, se puede decir, procesos industriales de masificación cultural, alienación de

"Sociedad civil", llamada por Theodor Adorno, incluso después de mediados de los años cuarenta, Industria Cultural. Según él (Adorno), en palabras de TERRA, Lygia et al:

> "La producción, distribución y recepción de productos emitidos por radio, televisión e incluso por las principales editoriales de revistas y Best Sellers se organizaron de manera industrial. Los bienes vendidos por la industria cultural siguieron los mismos procesos (estandarización, elección y público objetivo, simplificación, obsolescencia programada) que los producidos por otros segmentos de la industria. (TERRA, Lygia et. Al. Conexiones: estudios de geografía general y brasileña. São Paulo: Moderna, 2010. p. 16)

Es decir, lo que se quiere decir es que "La industria cultural, en el llamado mundo globalizado en el que vivimos hoy, está ligada a la idea de:

1- Estandarización universal y / o:
2- Masificación de patrones culturales, ubicándose estos como productos

comerciales para ser consumidos, como producto informativo, por quienes los deseen y puedan pagar.

En esta industria cultural, que, en resumen, está compuesta por:

1- De películas,

2- Leyendo,

3- Revistas

4- Periódicos

5- También se colocan CDs de música, etc., como forma de merchandising y / o estrategias de Marketing de grandes empresas multinacionales y transnacionales, nota:

6- "Un nuevo tipo de ser idealizado y estandarizado", específico para cada grupo de edad respectivo de ciudadanos, en ellos solo se define como lo mismo como público-consumidor y / o consumidores potenciales.

Y, además, de la misma forma, estando estandarizado, por ejemplo:

7- Qué comer,

8- Con quién salir y / o casarse,

9- Qué tipo de coche debería comprar, etc., estableciendo así una especie de:

10- Dictaduras de moda, belleza, etc. en una escala global.

III

Todo este proceso ideológico del capital ha llevado a la formación (como una especie de cultura universal estandarizada) y / o la construcción de nuevos seres psicosociales programables en cada cambio estratégico en el mercado del capitalismo.

Aún en la perspectiva de Theodor Adorno, refiriéndose a esta llamada Industria Cultural, que los capitalistas a menudo colocan bajo el llamado "rostro inocente de dicho simple entretenimiento", escribieron TERRA, Lygia et al:

"Las consecuencias de esta sumisión del consumidor al poder de las grandes industrias del entretenimiento afectan tanto la política de la sociedad como la psicología de las personas."(TERRA, Lygia et. Al. Conexiones: estudios de geografía general y brasileña. São Paulo: Moderna, 2010. p. 16)

La filósofa Marilena CHAUÍ, en su libro "Invitación a la Filosofía", analizando críticamente los conceptos de "Industria Cultural" de Theodor Adorno, a la luz de la Postmodernidad, escribió:

"Desde la segunda revolución industrial del siglo XIX y continuando en lo que ahora se llama una sociedad postindustrial o posmoderna (iniciada en la década de 1970), las artes fueron sometidas a una nueva servidumbre: las reglas del mercado capitalista y la ideología de la industria cultural, basada en la idea y práctica de consumir productos culturales fabricados en serie ". (CHAUÍ, Marilena. Invitación a la filosofía. São Paulo: Ática. 200. P. 422-423)

Tanto Theodor Adorno como Lygia Terra et AL y Marilena Chauí se refieren específicamente a los procesos de socialización fragmentados y / o fragmentados (alienados), también conceptualizados por el sociólogo Donald Levine, en los que los individuos, hoy, en las sociedades contemporáneas y / o posoccidentales los capitalistas modernos están siendo sometidos, automáticamente, a diario. Es decir, los procesos de socialización, hoy en día, que se desarrollan de forma fragmentada y / o fragmentaria, ya no forman ciudadanos, sino consumidores potenciales según sus grupos de edad específicos cuando, por ejemplo, lo que se define y / o o lo que debería ser:

1- Moda joven;
2- Moda infantil;
3- Moda adolescente;
4- Moda adolescente, etc. y, siguiendo, al mismo ritmo:
5- Los llamados estilos musicales diferentes,

6- Living, etc., creado por las más variadas y múltiples industrias de consumo global, construido por las dictaduras de empresas multinacionales y / o transnacionales que operan globalmente.

En el "Informe de desarrollo humano" de la ONU / PNUD 2004, por ejemplo, se habla de estos procesos de "socialización de jóvenes y adultos", que, ahora, en estas sociedades se ha producido no solo a través de la familia, la escuela y los demás grupos sociales concretos y / o tradicionales de interacción social y / o socialización de los individuos, pero también de forma fragmentada, fragmentaria y / o alienada a través de esta denominada Industria Cultural, se redactó informativamente:

> *"Los patrones de consumo son, hoy, a nivel mundial. La investigación de mercado ha identificado una "élite mundial", una clase media mundial que sigue el mismo estilo de consumo y prefiere las marcas globales. Los más*

impresionantes son los "adolescentes del mundo", que habitan el espacio mundial, con una cultura pop mundial única, absorbiendo los mismos videos y la misma música, proporcionando un mercado enorme para zapatillas, camisetas y jeans de marca ". (Informe sobre desarrollo humano - Nueva York: PNUD / ONU. 2004. P. 87)

II CAPÍTULO - LA INDUSTRIA CULTURAL Y LA CREACIÓN DEL MITO DEL PRÍNCIPE ENCANTADO

Con base en el tema tratado en el capítulo anterior, en sentido macro, haciendo una analogía con todos los demás procesos formativos (deformativos) que han ocurrido a través de la Industria Cultural, se puede decir que se dan, también como formas de reproducción de mercado. , la creación de nuevos mitos posmodernos como, por ejemplo:

1- Los del llamado "Príncipe Azul", que fue sistematizado con las historias de Romeo y Julieta, Rapunzel, etc., y, en la actualidad:

2- A través de las llamadas historias de amor más variadas y, a la vez, similares, que involucran:

3- Los llamados heartthrobs de novelas y / o películas de Hollywood, cuyos principales personajes o protagonistas y antagonistas son:

4- Chicas flacas,
5- Rubias, etc.,
6- Estereotipos de Barbie y, en el caso de los hombres:
7- Encarnando los estándares económicos, estético-atléticos de los príncipes de los cuentos de hadas, etc., sin olvidar aquí mencionar las peculiares dictaduras de sus tramas (siempre o casi siempre con final feliz).

Es decir, hoy, en los albores del siglo XXI, las novelas, libros, películas, etc., no solo europeas y norteamericanas, no solo románticas, traen consigo estas ideas estandarizadas y universalizadas de mujeres que, por vivir soñando con encontrarse, en la vida real, con sus llamados príncipes encantados, hasta que los encuentran, viven tristes y, poco después, al encontrarlos, comienzan a vivir "felices para siempre". Hay, pues, culturalmente, a través de esta Industria Cultural, bajo la reproducción masiva y masiva de estos cuentos de cuentos de hadas, por diferentes medios, lo mismo a destacar:

1- "Una imposición no solo de las formas de ser, sentir y existir, sino también:

2- De los estándares estéticos considerados esenciales cuando mujeres y hombres buscan a sus parejas emocionales:

3- Ya sea por participación sexual sin compromisos;

4- Ya sea por la búsqueda de una relación matrimonial.

En el caso de los hombres, estas películas, e incluso dibujos, reproducen las ideas machistas y prejuiciosas que durante mucho tiempo han formado parte de su formación. Por ejemplo:

"Cuando estas películas solo se tratan de divertirse con jóvenes y / o adultos, las mujeres que se consideran ideales son aquellas:

1- Del tipo "extravagante", sexo y / o dicho chicas calientes;

2- Aquellos que ellos, los hombres, sueñan con pasar solo una o unas noches con ellos cumpliendo sus fantasías sexuales y nada más.

Por otro lado:

"Cuando las películas retratan bodas, las mujeres suelen ser personas como:

1- *Comportado y / o dicho de familias;*
2- *Vestidos con sus ropas austeras o sobrias.*

Incluso en la conocida película "Llamada una mujer hermosa", la prostituta, interpretada por Julia Roberts, tiene la apariencia de una mujer educada, sensible, educada y familiar.

En otras palabras, surge la idea de que ella "es" como prostituta y no que ella, su personaje, sea de hecho y / o esencialmente "sea" una.

En otras palabras, lo que se quiere decir es que, en lo que respecta a las llamadas mujeres de la familia, se colocan para ellas las posibles parejas afectivas ideales para el matrimonio:

"*Se colocan, de la misma forma, casi siempre:*

1- Los hombres, además de los llamados hermosos "estandarizados", también:

2- Rico y / o muy exitoso, fiel, educado, etc.

Por otro lado, en películas que involucran solo diversión o entretenimiento:

"Hombres colocados como ideales por ellos y / o para ellos:

1- Son los que son como ricos,

2- Bien nacido y / o hijitos de papá,

3- Viviendo en mansiones y / o a bordo de sus potentes coches, motos deportivas o yates.

La filósofa Marilena Chauí, aún hablando del problema del concepto de Industria Cultural creado por Theodor Adorno y, de la misma manera, teorizando sobre el poder catastrófico de la alienación que ella provoca a los individuos en las sociedades capitalistas, nos escribe:

La industria cultural vende cultura:

1- Para venderlo hay que seducir y complacer al consumidor.

2- Para seducirlo, complacerlo, no puede escandalizarlo, provocarlo, hacerlo pensar. Haz que tenga nueva información que lo perturbe, pero:

3- Debe devolverle, con una nueva apariencia, lo que ya sabe, lo que ya ha visto, ya lo ha hecho. O sea:

4- La media es lo que devuelve la industria cultural con una nueva mirada. (Texto adaptado de CHAUÍ, Marilena. Invitación a la filosofía. São Paulo: Ática. 200. P. 422-423)

Es decir, la industria cultural vende lo que dice es cultura y, en ese sentido, como cultura, según las bases de la Antropología, son lo mismo que formas de vida y manifestaciones de cualquier pueblo y /

o grupo social, También se puede decir que, para poder venderlo, es necesario no solo seducir y complacer al consumidor, sino también:

1- Crear un consumidor alienado incluso antes de crear sus propios productos, él, ese mismo consumidor, creyéndose hiperconsciente:

2- Estará predispuesto a querer y / o desear consumir.

Esto es, hoy, la Industria Cultural, no solo a través de la investigación de mercado:

1- Busca descubrir qué necesitan las personas para poder crear sus productos culturales para que sean consumidos por ellos. Ella, la Industria Cultural, hoy, en la era posmoderna:

2- Primero, también crea al consumidor de productos que aún no ha creado, es decir, "crea deseos del consumidor", para luego crear sus productos y / o servicios específicos para que luego puedan ser consumidos por ellos.

Habiendo aclarado estos primeros puntos, pero también buscando complementarlos y dar continuidad a nuestras propuestas, en el próximo capítulo, desvelando datos de una importante investigación realizada con niños y niñas de primaria sobre estos procesos fragmentados y / o fragmentarios. de socialización (alienación) que se inician en la familia, incluso antes de la escuela, intentaremos profundizar estos axiomas sobre la idea de "socialización por fragmentos", donde "el otro" (diferente), de manera sistemática, se ha transformado socialmente "en lo mismo". (Estar estandarizado) a través de la dictadura de la Industria Cultural.

Es decir, a través de esta imposición de valores de consumo, que terminan traduciendo y / o dando lugar a elecciones alienadas de las parejas afectivas y / o sexuales para las relaciones de noviazgo y / o matrimonio entre hombres y mujeres en estas mismas sociedades poscapitalistas. durante la juventud y / o la vida adulta.

♣

III CAPÍTULO - LA SISTEMATIZACIÓN DEL IDEAL DEL MITO DEL PRÍNCIPE ENCANTADO: Los procesos de socialización fragmentados y / o fragmentarios presentes en las sociedades capitalistas posmodernas.

En una encuesta reciente a estudiantes y alumnas de los primeros grados de la educación primaria en escuelas públicas y privadas del estado de Río de Janeiro, cuyos resultados fueron informados por una importante cadena de televisión en los primeros meses de 2013 , existía un grave problema de formación y / o socialización de los niños pertenecientes a primer y segundo grado:

> *"El desarrollo psicosocial basado en la internalización, por parte de los niños, de estereotipos que involucran ciertos estándares estéticos impuestos por la dictadura cultural y del consumo provenientes de los medios de comunicación y / o información*

presentes en las sociedades capitalistas posmodernas".

La investigación se llevó a cabo de la siguiente manera:

Los niños (de diferentes instituciones educativas, públicas y privadas, de la capital y del campo) fueron colocados aleatoriamente, en grupos de diez a veinte estudiantes, colocados en tres situaciones:

1- En primer lugar, ver un dibujo, cuya trama implicaba una historia de amor entre un príncipe y una princesa de origen europeo, cuyos personajes, con rasgos nórdicos, eran blancos y rubios de ojos verdes o azules.

2- En segundo lugar, sin intervalos, estos mismos niños, inmediatamente después, vieron otro dibujo, cuya trama era la misma, es decir, se trataba de una historia de amor entre un príncipe y una princesa. Sin embargo, en este segundo dibujo que se les dio a los estudiantes, los personajes tenían la piel no blanca y el cabello y ojos castaños o negros.

Al finalizar, luego de haber visto los dibujos, los niños recibieron en sus manos carteles de los personajes de los mismos que ya habían visto (de los dos dibujos) y se les pidió que respondieran, individualmente, en otra sala (en la que fueron invitados aleatoriamente a ingresar , sin volverse más hacia el mismo grupo de niños a los que les habían dejado), las siguientes preguntas:

1- ¿Cuál de los dibujos habla de historias de amor entre príncipes y princesas?

2- ¿Cuáles de los personajes de dibujos animados les gustaría ser? Si esto fuera posible, incluyendo el color de la piel, cabello, ojos, etc.;

3- ¿Qué personajes, relacionados con los dos dibujos, consideraron hermosos?

Como no era de esperar, aunque las premisas se mostraron relevantes en esta dirección, más del 90% de las respuestas de los estudiantes, que incluso fueron grabadas en video, revelaron que la mayoría de los niños, tanto en público como en escuelas privadas:

1- Solo consideró el primer dibujo, el de esencia nórdica, cuyos personajes eran de piel clara, cabello rubio y ojos azules o verdes, como el de una historia de amor entre príncipe y princesa;
2- Solo les gustaría ser los personajes, masculinos para niños y femeninos para niñas, representativos de esa misma película;
3- Solo consideraban hermosos y / o hermosos a los personajes y / o los personajes de esa misma película.

Tenga en cuenta que, para evitar influir negativamente en los niños, no se les preguntó, por ejemplo, cuál de los personajes consideraban feo.

Al conocer los datos de esta investigación, inmediatamente me vino a la mente la necesidad de llevarlos a la luz de una proposición filosófica que pudiera permitirnos entenderla (la investigación) dentro de un contexto y una perspectiva histórica, revolución postindustrial. , que implica el desarrollo de los valores del propio capitalismo, caracterizado y fomentado por el desarrollo de la denominada, por Theodor Adorno, Industria Cultural, dado que, antes de la socialización que se da en la escuela, los niños pasan naturalmente por otro proceso de socialización, el primaria, que antes ocurría más específicamente en la familia y, hoy, también se ha realizado a través de los grandes medios de comunicación (especialmente a través de los llamados programas infantiles en televisores, DVD, etc.). Estas preguntas nos llevaron a reflexionar, por ejemplo, sobre los datos de los mismos, comparándolos, mediante un análisis teórico crítico, con los modos de socialización fragmentada y / o fragmentaria recomendados por el sociólogo estadounidense Donald Levine, desarrollado en el primer capítulo de su libro, denominado "Visiones de la tradición sociológica", en el que, según él, hoy, en plena era posmoderna, este proceso de socialización se ha ido produciendo sistemáticamente, es decir, haciendo de los individuos, a través de él, en un alienados, desarrollan, en sí mismos, determinadas formas de ser, actuar, sentir y pensar estandarizados, especializados y / o fragmentados, como si los mismos, los individuos, como el "otro", el "diferente", estuvieran siendo globalmente transformados en "lo mismo", es decir, perdiendo sus propias identidades al ser socializados.Tomemos, por ejemplo, lo que él, Donald Levine, nos dice:

"La socialización se está produciendo cada vez más en fragmentos:

1- La televisión vierte imágenes y la gente pasa de un canal a otro.

2- La lectura de libros se sustituye por la lectura de resúmenes o reseñas publicados en revistas, cuando no solo frases y párrafos de revistas semanales.

3- Las computadoras presentan noticias e información como si todas fueran iguales y tuvieran la misma importancia.

4- Los padres llevan a sus hijos a las escuelas y creen que los están educando.

5- Los estudiantes tienen una capacidad reducida para argumentar de manera razonable y no tienen una visión histórica procesal de lo que está sucediendo. (En: TOMAZI, Nelson Dacio. Sociología. São Paulo: Saraiva, 2010. p. 22)

De esta manera, nos llamó la atención la forma no solo de cómo los niños, sino también cómo los jóvenes y adultos, aunque inconscientemente, en diferentes tiempos-espacios de la vida social, han estado siguiendo ciertos patrones de comportamiento y psicosociales preestablecidos en tiempo para buscar involucrarse con sus pares afectivos y / o sexuales en las grandes ciudades.

En el caso de las mujeres, por ejemplo, se reveló que, socialmente, se colocan en su psique, a través de estos procesos fragmentados de socialización, unos principios y valores que las hacen, aunque inconscientemente, crear y / o sostener. la idea y / o el estereotipo de la búsqueda del príncipe azul, en sus relaciones efectivas y / o sexuales, como condición previa para que sean felices y, por tanto, todos aquellos hombres que no forman parte de él, de estos estándares, además de de ser concebidos como no bellos y / o feos, también se colocan fuera de la lista de hombres bajo los cuales se podría tener algún tipo de relación más seria y / o duradera, que culmine en el matrimonio, por ejemplo.

Lo que se quiere decir es que, al igual que los hombres, al ser educados para ser sexistas y con prejuicios, crean sus así llamados patrones de mujeres que se dice que pueden casarse y que las mujeres solo pueden quedarse y / o atrapar, mujeres, también, aunque de forma inconsciente, hacen lo mismo, aunque existen diferencias cualitativas entre ellos en la definición de estos mismos patrones provocados por una forma diferente de socialización.

El problema, en este sentido, se da precisamente ahí, en este fragmentario proceso de socialización. En otras palabras, muchas mujeres en estas sociedades capitalistas, alienadas, proyectan sus sueños de felicidad conyugal en un tipo de hombre ideal, es decir, que no existe en el mundo concreto, sino solo:

1- En el mundo de la ficción;
2- En el mundo de los cuentos de hadas;

3- En el mundo de las historias de amor con final feliz para películas, etc. y, por tanto, cuando no están eternamente solteros porque no encuentran a ese príncipe rico, rubio, alto, cariñoso, fiel y perfecto:

4- Se casan con tipos que les gustaría convertir en ideales, sin amarlos como realmente son, sin embargo, sintiendo, en consecuencia, algún tiempo después, como no podría ser diferente:

5- Frustrado,

6- Engañado

7- Traicionado, alegando tener ranas casadas y no sus príncipes idealizados y / o soñados.

Es decir, en las separaciones matrimoniales, ellas, las mujeres, en la gran mayoría de las veces, además de decir que han descubierto una rana en el lugar del príncipe, también acusan al ahora de sus "ex" esposos y / o parejas sexuales y / o afectivas:

1- Haberlos engañado;

2- Que fingieron ser los príncipes que nunca fueron en realidad.

No se dice que, en estos casos, las mujeres siempre se equivocan. De hecho, hay que pensar que este problema de frustraciones se da a partir de una especie de codependencia. Es decir, se está diciendo que:

> *"Sólo existen aquellos hombres que buscan, racionalmente, fingir ser príncipes porque hay mujeres -y hay muchas- que idealizan encontrarse con este tipo de hombres".*

Es decir, sin querer aparecer aquí para defender a los hombres, se puede decir que la razón por la cual, deliberadamente, algunos hombres, para querer conquistar a algunas de las llamadas mujeres hermosas, se hacen pasar por príncipes, en la medida en que en el que, algunos de ellos, tras tanto fracaso en sus conquistas, llegan a descubrir, por ejemplo:

1- Que ellas, muchas mujeres, por la forma en que se socializan, por sus relaciones sexuales, afectivas y / o maritales:

2- 2- Idealizar algunos tipos específicos de hombres; y no otros.

Sin embargo, lo que se quiere decir es que las mujeres, desde la primera socialización, dada esta en la familia, seguida de estos otros procesos fragmentarios de socialización que siguen desde la escuela, desarrollan en sí mismas formas de ser, de sentir. , pensar y, en el caso específico de las elecciones de sus parejas afectivas, sexuales y / o maritales, incorporar también patrones que se consideren adecuados o no para que sean felices o no en este ámbito.

Dentro de estos principios y valores, es decir, porque se socializan en las sociedades capitalistas, donde todo tiene un valor específico, los sentimientos y las personas también se convierten (como bienes dispuestos en la estantería de un supermercado, por ejemplo) en objetos que pueden o no consumirse. . Siendo así:

1- De la misma forma que determinadas mujeres compran determinados tipos de productos, y no otros,

2- También actúan alienados bajo ciertos estándares, por ejemplo:

3- Al buscar a sus pares afectivos y / o sexuales, con el objetivo de tener citas y / o matrimonio, de formas socialmente predeterminadas.

IV CAPÍTULO - PRINCIPIOS Y VALORES BAJO LOS CUALES HOMBRES Y MUJERES SE HAN SOCIALIZADO EN SOCIEDADES CAPITALISTAS POS MODERNAS

La forma en que hombres y mujeres han sido socializados en las sociedades posmodernas tiene una relación intrínseca con la sistematización, en esas mismas sociedades, de la ética capitalista, basada en sus principios de "mercantilización" de todas las cosas, sean materiales y / o inmaterial, como en el caso del cuerpo y los sentimientos, respectivamente.

De hecho, los hombres son educados para usar y cambiar de pareja femenina a medida que se cambian de ropa y de coche, siguiendo un proceso de "obsolescencia programada" (búsqueda incesante de novedades), donde el sentido de la vida se sintetiza en el poder consumir y poseer. cosas. Y, en este sentido, también se traduce como poder satisfacer sus respectivas necesidades sexuales, como, por ejemplo, en querer poseer sin ser poseído, y / o consumir sin ser consumido, como si eso, de hecho, fuera posible.

En el caso de las mujeres e, incluso en el caso de los hombres, se han convertido, el uno para el otro, en muchos casos, no solo en objetos de consumo y deseo, sino también en productos, cuando, por ejemplo, se relacionan con hombres ricos para poder para satisfacer sus necesidades de consumo y, cuando las satisfacen, apuntar solo al sexo, aunque sea directa y / o indirectamente (incluso inconscientemente en el caso de ambos). Es decir, les guste o no, están metidos en un juego de consumo, de perder y ganar, pero que, de hecho, no hay ganadores, ya que, humanamente, todos salen peor de este proceso que cuando entraron en él. , o sea:

1- Infeliz y / o amargado - en el caso de ambos;

2- Con baja estima - en el caso de las mujeres;

3- Sentirse utilizado - en el caso de las mujeres;

4- Incapaz de confiar en sus socios y establecer relaciones duraderas, en el caso de ambos;

No sería exagerado decir que, en las sociedades capitalistas posmodernas, el amor sincero entre hombres y mujeres se ha convertido no solo en un producto, sino en un producto que muchos buscan, sabiendo, al mismo tiempo, que no existe y / o que, si existe, durante mucho tiempo ha sido escasa en el mercado de hombres y mujeres llamado calidad.

Las mujeres, históricamente, e incluso hoy, con muy pocas excepciones, se crían esencialmente de manera diferente a los hombres, aunque, en las sociedades posmodernas, el movimiento feminista ha llevado a muchas a querer ser, también, en el sentido de canalizar, de la poligamia y la llamada "pegação", igual a los hombres, exactamente en lo que, ética y moralmente, tienen en sí mismos -a mi modo de ver-, culturalmente, de peor y menor valor.

En otras palabras, se puede y se debe decir que las mujeres, desde el feminismo, deberían luchar más bien por la igualdad de derechos y condiciones iguales a los hombres, ya sea en el mundo del trabajo y / o en cualquier otro ámbito y / o esfera social.

Sin embargo, los fundamentos feministas radicales que predican que las mujeres deben ser "iguales" a los hombres en términos de libertinaje y poligamia necesitan, en primer lugar, en mi opinión, ser repensados.

Las mujeres, al nacer, a diferencia de los hombres, tienen sus genitales protegidos y, por qué no decirlo, ocultos no solo de la vista del público - a diferencia del caso del pene, en relación con los hombres - sino también de sus propios familiares y, en muchos casos, casos, del propio padre, siendo la visión de su vagina exclusiva la del sexo femenino y, en la mayoría de los casos, únicamente la de su madre y / o aquella madre, que la cuida directamente.

En este sentido, a diferencia de la palabra "pene", llamada "piru" en el lenguaje popular, la palabra "vagina" en el lenguaje popular "xereca", aún hoy, en muchos y con frecuencia, ni siquiera se pronuncia en los oídos de niña, dentro de muchas familias, durante su infancia.

No se dice que esto tenga que ser diferente. Es decir, no se dice que las niñas tengan que criarse mostrando sus vaginas en público, para afirmar sus feminidades, como hacen los hombres con sus penes. Lo que se quiere decir es que la forma en que se ha educado a las niñas, hasta el día de hoy, en realidad favorece el desconocimiento de su propio cuerpo y también de su sexualidad.

Mientras los hombres crecen aprendiendo a tocarse y a conocer sus genitales, además de estar constantemente impulsados a pronunciar su nombre e incluso escucharlo en la familia y entre los hombres, como mecanismo para la formación de su masculinidad, las mujeres, mientras por el contrario, tienen prohibido, aunque no directamente, pronunciar su nombre en la infancia.

No se conocen casos de niñas que, junto a su madre, sus amigas y las de su madre, hayan sido impulsadas, por la propia madre y / o por un grupo de mujeres adultas, a tener que mostrarse, frente a otras mujeres y hombres. tu vagina, tocándola con tu mano, como símbolo y / o sinónimo de la afirmación de tu feminidad. Muy por el contrario, si una niña así, cuando era niña, al menos fuera y, hoy, la sorprendan rascándose o tocándose cerca de la vagina, seguramente oirá y seguirá escuchando: "Niña, quítale la mano. Deja de moverte allí mismo ... No deberías moverte en ese lugar ... "

Mientras los hombres crecen hablando de sexo y sexualidad tanto en casa como en la calle, entre colegas, las mujeres desde la infancia crecen como extrañas en relación a este tema, aunque, en las sociedades contemporáneas, debido a los avances tecnológicos, Las posibilidades de información se han ampliado, pero de forma fragmentada, como vimos en el capítulo anterior, sobre la sexualidad, a través de la televisión, el cine, las telenovelas, etc.

Incluso en la escuela, que debería ser un espacio de aprendizaje y discusión, el tema de la sexualidad, en términos no solo del conocimiento de los niños, sino también de las niñas, sigue siendo un tabú. En algunos casos, que no son infrecuentes, las niñas solo tomaron y extrajeron el poco conocimiento de sus cuerpos y órganos de las clases de biología. Aun así, no lo permitieron y, aún hoy, en muchas escuelas, no permiten el desarrollo de conocimientos plausibles y necesarios para el amplio desarrollo, por parte de las niñas, en este ámbito.

Lo que se quiere decir es que, mientras los hombres llegaban y arriban en la adolescencia y la juventud habiéndose incluso masturbado y / o incluso tenido una experiencia sexual temprana, muchas mujeres, entregadas a este desconocimiento, en un intento por descubrir algo. en este sentido, terminan perdiendo la virginidad y, en muchos casos, sin sentir satisfacción ni placer en ella, lo que a menudo resulta en un embarazo precoz.

De otra manera, mientras los hombres ingresan a la vida juvenil y adulta separando la emoción de la sexualidad, las mujeres, por no saber qué son la emoción y la sexualidad, en esta fase, terminan haciendo una relación intrínseca entre ambas, creyendo que los hombres , cuando tienen sexo con ellos, antes de dicho matrimonio, también se mueven, como ellos, por algún tipo de sentimiento.

En la adolescencia y la juventud, en muchos casos, las mujeres no se relacionan sexualmente solo por impulso instintivo, sino también porque se enamoran y asocian el sentimiento con el sexo, que, para los hombres, de manera diferente, casi siempre, no tiene ninguno. relación intrínseca.

V CAPÍTULO - LAS MUJERES ESTÁN "EDUCADAS" PARA CASARSE CON HOMBRES RICOS Y / O PRÓSPEROS Y, LOS HOMBRES, PARA SER CHAMPÁN Y / O POLIGÁMICA (INCLUSO EN LA CONDICIÓN DE ESOS FAMILIARES).

Las mujeres, a diferencia de los hombres, desde la infancia, también con muy raras excepciones, están creadas para casarse y / o tener relaciones con hombres que se consideran ricos y / o prósperos, aunque algunas provengan de familias de pobres y pobres. / o socialmente excluidos.

En otras palabras, tanto en el mundo de los ricos como en el de los pobres, las mujeres son criadas, con raras excepciones, para casarse con hombres ricos. Sin embargo, en el caso de los hombres, solo están obligados por su grupo social, aún hoy, a casarse con mujeres hermosas y, a la vez, ser del tipo "familiar", es decir, además de muchas otras cosas. , que no han tenido o casi ninguna experiencia sexual previa.

De hecho, estamos ante una catástrofe familiar, en lo que respecta a la formación de hombres y mujeres:

> *"Tanto en las llamadas familias ricas como en las llamadas pobres, con muy pocas excepciones, las mujeres se crean para ser egoístas, para casarse por dinero, para casarse con hombres ricos y / o prósperos, incluso si se entregan por sentimientos y, los hombres, de otra manera paradójica o diferente, ser prejuiciosos, conservadores, promiscuos y / o polígamos ", aunque sean los llamados padres de familia.* (mi énfasis)

En el caso de las mujeres jóvenes, directa e indirectamente, conscientemente o no, se dice, en las familias, con raras excepciones, que:

> *"Si la mujer se entrega, aunque tenga sentimientos o no, elija al hombre por las posesiones que él o su familia tiene*

o se supone que tiene ... "(énfasis añadido)

Por eso, cuando ella, esta joven, encuentra a este chico de posesiones y se entrega a él, buscando algo más, no sabe que este chico de posesiones, a diferencia de ella, fue "entrenado / entrenado" para no valorarla precisamente porque , antes de la boda y, fácilmente, ella, deseando algo más, como tantos otros, engañada, se entregó a él. Hasta que esta niña / mujer pueda comprender esta paradoja, es, como dicen, más "redonda" que el volante de un viejo coche de buhonero y, peor aún:

> *"Con su imagen, ante su grupo social, ante los hombres, destrozada y / o siendo llamada por ellos una mujer fácil y, por otras mujeres, una guarra".*(énfasis añadido)

En muchos casos, estas mujeres terminan, en ese sentido, desilusionadas de la vida, yendo a la prostitución y / o uniéndose, ya llenas de hijos de diferentes padres, con hombres mayores, con aquellos a quienes, en su juventud, nunca ni siquiera soñaban con su vida: es decir, acaban, salvo raras excepciones, acabando con esos hombres que, lejos de ser los "gatitos", eran también los que estaban lejos de ser considerados, en su juventud, por otras chicas y, por ella. Don Juan.

De hecho, en ambos casos, tanto en la educación de los hombres como en la de las mujeres, si a eso se le puede llamar educación, en los pobres o en los ricos, en lo que respecta a la sexualidad y / o las relaciones afectivas y / o maritales, Los padres o tutores se equivocan en su educación, y estos, junto con los valores mercantilistas del capitalismo, son los principales responsables de esta catástrofe humana, es decir: de esta relación de consumo y venta de cuerpo y alma, aunque sea indirectamente. , socialmente hablando. En otras palabras, con raras excepciones, los hombres están creados para:

1- Siendo canallas,

2- Pollos y / o polígamos, aunque en la condición de dichos padres.

Y las mujeres, también con raras excepciones, a:

1- Ser egoísta; y / o para:

2- Casarse con hombres ricos y / o prósperos.

Sin embargo, los hombres, al mismo tiempo, no solo son sexistas, sino que algunos pueden pensar:

"Son conservadores en lo que respecta a la familia y, del mismo modo, tienen prejuicios en lo que respecta a las citas y / o el matrimonio".(énfasis añadido)

Es decir, al mismo tiempo que los hombres alaban la poligamia, en lo que respecta al arte del "besuqueo", centrado en conquistar al mayor número posible de mujeres, con cero o el mínimo de sentimientos nutridos en este proceso, tampoco son se casan con mujeres que, queriendo ser como ellos, también actúan así y, además, muestran interés.

Es decir, los hombres buscan todo tipo de mujeres, se dice fácil o difícil, pero no salen con ellas en busca de matrimonio u otra cosa, sino solo diversión y entretenimiento, mientras que estas mujeres muchas veces se entregan a ellas precisamente por estar en busca de ese "algo más".

VI - CONCLUSIÓN PRELIMINAR

Todos aquellos que, de forma voluntaria y / o involuntaria, acaben encuadrando en dichos estándares de belleza y / o estética definidos por la industria cultural, naturalmente también se convierten, como productos, en objetos de consumo para todos los demás, dentro o fuera del estándar y en este sentido, también son tratados como seres humanos desechables.

Los hombres y mujeres que cumplen estos estándares, psicosocialmente, también son colocados, aunque inconscientemente, solo para ser deseados como objetos de consumo.

Esto puede explicar por qué hay, en estas sociedades, una infinidad de hombres y mujeres que están, en el dicho popular "corriendo de la mano", en busca de sus llamados pares y / o parejas ideales. En otras palabras:

"Los hombres (los príncipes estereotipados), en las sociedades capitalistas posmodernas, están entrenados para querer mujeres de las que se dice que son fáciles, que se dice que tienen experiencia sexual, con el fin de satisfacer todas sus aspiraciones sexuales con ellas".

Sin embargo, a la hora de casarse, prefieren a las que no han tenido y / o han dicho muy pocas experiencias sexuales y, además, que demuestran estar con ellas, no por lo que tienen ni por el dinero que se supone que tienen, sino por los sentimientos. . Aún hoy, lo que muchos desconocen es que el prejuicio de los hombres en relación a las escasas experiencias sexuales por parte de las mujeres está precisamente ligado a la cuestión del tamaño del pene y a la cuestión de la virginidad, refiriéndose al establecimiento, en su mente, de dos mitos. (falsedades), respectivamente, a saber:

1- Entre los hombres existe el mito de que la mujer que, supuestamente, ha tenido muchas experiencias sexuales, termina teniendo la vagina "agrandada", agotada más allá de toda medida, sintiendo siempre el deseo de continuar con estas experiencias, en una búsqueda incesante de un pene grande. que la satisface, sin embargo nunca está del todo satisfecha, incluso después de casarse, lo que la llevará, supuestamente, como ellos piensan, a cometer un posible adulterio;

2- Entre los hombres también está muy extendida la idea o mito de que el hombre con el que la mujer pierde la virginidad nunca es olvidado por completo por ella y que, incluso, tiene sobre ella eternos poderes de seducción.

Estos dos (mitos), no solo para los hombres (del tipo de los príncipes), salvo raras excepciones, son los que les impiden siquiera considerar la posibilidad de casarse con las mujeres que solo "consiguen", especialmente aquellas en las que él y tus amigos también se lo han llevado. Es decir, en este caso concreto, salvo raras excepciones, los hombres no se casan con mujeres que ya han salido con sus amigos y / o de las que se dice que se habla mal entre ellos.

Incluso salen con ellos también, pero nunca buscan mayores compromisos. Incluso en los casos en que uno hace todo lo posible para salir con la supuesta novia del otro, el hombre tampoco tiene la pretensión de algo más serio con ella, ya que, para él, tanto las mujeres que engañan como las mujeres lo hacen. las mujeres que tienen, durante un período de tiempo, muchas parejas, incluso sin traicionar a ninguna de ellas, no son dignas de una relación seria y duradera.

Generalmente estas mujeres con las que los hombres (no solo príncipes) no se casan, terminan convirtiéndose en dichas madres solteras, con dos o más hijos de padres distintos, dado que quienes los usan solo como objetos, muchas veces no asumen también a los hijos. que hacen en ellos. Esto es:

> *Estas mujeres, cuando encuentran una pareja que realmente quiere unirse a ellas, terminan siendo las que tienen más edad en relación con ellas y que, en su juventud, se frustraron al no poder, por alguna razón, convertirse en sementales y / o el llamado Don Juan.* (mi énfasis)

ANEXO I
LO DIFERENTE

I - LO DIFERENTE, FEO Y / O EXCLUSIVO HERMOSO

I

Los diferentes son aquellos que, en las sociedades capitalistas posmodernas - y la gran mayoría - están fuera de los estándares estéticos dictatoriales de lo que la política de consumo de la Industria Cultural sistematiza como estándares universales de belleza. Ellos, estos diferentes, son hombres y / o mujeres reales, concretos, distintos a los de la ficción. Diferente, en este sentido, no es, de hecho, quien, o quien, por cualquier motivo y / o voluntad deliberada, pretende ser o ser:

1- Ser diferente es ser lo que eres, como entidad singular;

2- Ser diferente es ser feo, bello y / o un bello único, exclusivo, fuera de los estándares estéticos de belleza universales y / o globales impuestos por la industria de consumo del capitalismo. Es decir, estrés:

> "El que pretende ser diferente, feo y / o" exclusivo bello "es solo el imitador de un ser diferente, un feo y / o un bello exclusivo, pero nunca, de hecho, un ser diferente, feo y / o hermosa exclusiva ... "

Diferente, feo y / o bello exclusivo es todo aquel que, aunque desconozca su diferencia, fealdad y / o belleza exclusiva, aporta, de alguna manera, al espacio-tiempo donde se supone que debe estar destinado, como un cuerpo llamado extraño. :

1- No pierda su potencial enriquecedor;

2- No pierdas la posibilidad de poder ser vislumbrado desde otro ángulo, otra forma o forma de ver;

3- No perder la posibilidad de ser tomado, como interacción social, por un espacio-tiempo de diálogos, como una forma de aborrecer la violencia, entre todas las distintas que se le asignan;

4- No perder la capacidad, al ser un espacio-tiempo de convivencia, de promover esta misma interacción;

5- No pierdas la capacidad de tolerar otras exclusivas diferentes, feas y / o bonitas que se suponen que están asignadas en ese mismo espacio.

Aquí se piensa que:

> "Sólo donde (en el espacio-tiempo) hay diferentes seres humanos, feos y / o bellos exclusivos, puede también surgir, permanecer y / o convertirse el amor en el valor supremo de la afirmación de la vida ..."

Las exclusivas diferentes, feas y / o hermosas están todas ahí:

1- Demasiado alto;

2- Los más pequeños al extremo;

3- Los hermosos;

4- La bella andrajosa;

5- Aquellos con narices muy delgadas;

6- Aquellos con narices muy anchas;

7- Los de narices normales donde reinan narices grandes o pequeñas;

8- Los delgados;

9- Gordos;

10- Los que no tienen pelo;

11- Aquellos con pelucas;

12- El muy bien vestido;

13- Vestidos de trapo;

14- El tímido;

15- Extrovertidos;

16- Los trabajadores;

17- Soñadores;

18- El esperanzado;

19- Realistas;

20. Los que aman y no son amados;

21- Los que son amados y no aman;

22- A los que les gusta cantar;

23- Los que prefieren escuchar;

24- Los que viven para trabajar;

25- Los que trabajan para vivir y así sucesivamente.

Como ya se dijo, pero aquí todavía hay que redefinir, de hecho no es quién, ni quién, movido por algún objetivo o deseo, pretende o pretende ser. Es decir, estrés:

> "El que finge ser diferente es simplemente el imitador de un ser diferente, pero nunca un ser diferente de hecho". (Artur da Távola)

Hay muchas formas de deshumanización y una de ellas, quizás la más crucial, es la que se sistematiza en la falta de respeto a las diferencias, en la medida en que esta falta de respeto -en el sentido micro- despoja al individuo de su capacidad de convivencia y, en consecuencia, lejos de la posibilidad de aprendizaje, crecimiento y desarrollo personal; en sentido macro, lleva a la sociedad hacia el xenofobismo, el nacionalismo exacerbado, el genocidio, el biocidio, el apartheid, la exclusión socioeconómica y las visiones unilaterales y ortodoxas, culminando en guerras, conflictos armados, odio y posiciones políticas y / o religiosas radicales o extremas. La esperanza no puede y no debe perderse, aunque para muchos la búsqueda del respeto a las diferencias suene a otra gran utopía. O sea, Todavía es necesario creer que el hombre puede transformarse cualitativamente. Hay que creer que, como nos diría Nietzsche, "el hombre se puede vencer".

UNIDAD II
CONCIENCIA CRÍTICA DEL YO Y DEL MUNDO

LA AUTOCONSCIENCIA CRÍTICA Y LA
CONCIENCIA MUNDIAL

Humanizarse, mucho más allá de los procesos de socialización primaria y secundaria, es también un acto de emancipación intelectual que se da desde y durante la conciencia crítica. Sin embargo, no todo el que busca la conciencia crítica se emancipa, de hecho, por dos razones:

1- La emancipación intelectual es un proceso de transformación y trascendencia del espíritu conocedor; conquistar la autonomía para ser, hacer y rehacer dentro de los preceptos de la humanización;

2- La conciencia crítica, por sí sola, no es más que "de" conciencia. Uno puede darse cuenta de una cosa y no de otra.

Llegamos a un axioma:

1- Para humanizarse, de hecho, el hombre necesita educación, pero no educación alguna; Necesita una educación que le permita, mediante el ejercicio de su conciencia reflexiva, desarrollar:

1- Conciencia de sí mismo;
2- Conciencia mundial.

En este sentido, no se tratará de las especificidades de la conciencia, sino de algo mucho más grande, concebido como las amalgamas del acto de humanizar, aunque, teóricamente especificado, con el objetivo de favorecer una mejor comprensión y que sostenerse y encarnarse en la emancipación intelectual.

I - LA AUTOCONSCIENCIA CRÍTICA

Lejos del humanismo radical de los sofistas; El humanismo antropocéntrico, sustentado en las ciencias, en el que el hombre se sitúa y al mismo tiempo se entiende como "la medida de todas las cosas" y, más lejos aún de las ortodoxias deterministas, científicas o de cualquier otra índole, se puede decir que:

1- El hombre, por ser "un ser social, un animal político", como lo describe Aristóteles, para estar en el mundo, necesita crítica y autocrítica;
2- Negar o no la existencia de Dios, el hombre debe comprender que no es sólo naturaleza, sino que también está dotado de espíritu, razón, pulsión y afecto, sintetizados en una "condición humana";
3- El hombre necesita saber que está hecho de una unidad de contrarios, es decir, de razón pulsión y afecto;

4- También necesita saber que, en la búsqueda de una comprensión del conjunto, concretando y particularizando líneas de estudio y / o investigación, el hombre quedó atrapado en diferentes simbolismos, en diferentes formas ortodoxas de ver el mundo, cristalizando y sistematizando paradigmas, lo que le impide ver la realidad misma, pero solo para ti.

5- El hombre necesita saber que, en la búsqueda de la felicidad, en la búsqueda de su realización personal, puede enfermarse, puede tener pérdidas socio-afectivas, puede morir, interrumpiendo su trayectoria vital.

6- Necesita comprender que, al nacer, comienza a morir. En otras palabras, comprender que su existencia constituye una especie de marcha hacia la muerte.

7- En la búsqueda de la inserción social, necesita darse cuenta de que, en la sociedad, existen desigualdades entre los hombres.

8- En la búsqueda de un trabajo, necesita saber que está insertado en un mundo capitalista y, por tanto, también meritocrático, competitivo e individualista.

Aunque a primera vista pueda parecer una paradoja, la conciencia de uno mismo, la conciencia del "ser" sobre su "qué hacer humano", no ocurre solo en la Escuela, ni solo en la familia y mucho menos solo en las redes sociales de internet o solo en otros medios de socialización, específicos, relacionados con el ejercicio de diferentes roles sociales, por varias razones:

1- En la familia existe un cierto nivel de protección, hasta una determinada edad, así como la construcción de jerarquías y estigmas entre los individuos, que les impiden enfrentarse, directamente, con las relaciones desiguales de la vida social y construir una imagen, una verdadera autoconciencia.

2- En la escuela, en cambio, está la difusión e interiorización, en el individuo, de conocimientos eruditos que lo enajenan, en la medida en que lo engañan, diciendo que solo la apropiación de este tipo de conocimientos es capaz de llevarlo a la prosperidad; mejores condiciones de vida. Además, en la escuela se valora la adquisición de contenidos y no el desarrollo de la creatividad; Se valora aprender pensamientos y no aprender a aprender o aprender a pensar.

3- En internet no existen relaciones de confianza o validez de conocimiento, así como incertidumbres sobre su calidad.

4- En el ejercicio de los roles sociales está la prisión del ser, estereotipos y estigmas, que impiden que el ser sea algo más allá de él, en su tiempo y espacio.

En los grupos favorecidos, la autoconciencia tarda más en ocurrir, ya que esta protección familiar dura más, así como los años de escolaridad. En los grupos menos favorecidos, la protección familiar termina temprano, al igual que la protección escolar. Lanzado temprano en la sociedad capital, se descubre una realidad catastrófica, implícita en las circunstancias de la vida cotidiana. Estas relaciones sociales imponen la necesidad de una constante toma de decisiones.

En estos grupos menos favorecidos se desarrolla temprano un potencial emancipador, pero que pronto se atrofia, ya que, al cuestionar su propia existencia frente a los problemas sociales, no hay forma de entenderlo. De manera enriquecedora y cualitativa, por falta de una sólida formación cultural.

En otras palabras, la conciencia no se expande y cristaliza, se concreta y limita como inconsciencia del todo o como conciencia "de".

Sin embargo, cuando por alguna razón, aunque fue lanzado temprano en el mundo, por la familia, este ser aún logra continuar en la escuela, continuando sus estudios más tarde, tiene la posibilidad de confrontar el conocimiento de la vida con el conocimiento aprendido y construya su propia visión de sí mismo.

Empieza a ser capaz de analizar, comparar, cuestionar, sintetizar, dar sentido, dudar, empezar a pensar, dar sentido a su existencia. Comienza a tener la posibilidad de construir estrategias de lucha y resistencia contra su condición de exclusión social.

En los grupos económicamente favorecidos, esta conciencia de sí mismo, a veces ni siquiera se da, cuando la protección familiar pasa desde la edad adulta y, en la misma medida, se extiende la adquisición de conocimientos eruditos.

La erudición sola, lejos de la experiencia, no permite que el ser desarrolle la autoconciencia, sino que se cristalice e interiorice, siendo la cultura erudita la única vía para interactuar con el mundo, alejándose de la humanización, alejándose de necesidad de dar sentido a la propia existencia.

En la misma medida, solo la experiencia no es capaz de concientizar al yo, sino de permitirle ser degradado, aplastado, destruido por las jerarquías sociales, por las desigualdades entre los hombres, interiorizando estigmas, estereotipos y limitando su existencia. posibilidades de existencia.

La autoconciencia implica comprender su rol individual y social. Comprender, por ejemplo, por qué, para qué y para quién se trabaja, así como por qué se estudia y para qué se estudia.

Además, en lo que trabajas o deberías trabajar, o lo que estudias y lo que debes estudiar.

Este tipo de consultas no las hace ni la familia ni la escuela y, si alguien les pregunta, seguramente responderán algo que no contradiga sus propios intereses, es decir, que esté asociado con el dinero y el estatus social.

No se dice que la adquisición de dinero a través del trabajo y el estudio no sea importante, sino que la adquisición de dinero debe ser la consecuencia y no la causa de la existencia misma.

Por otro lado, la conciencia de la contradicción que todo ser trae en sí mismo, al estar dotado de razón, impulso y afecto, daría a conocer que su angustia pasa por la angustia de los demás, así como sus necesidades y sus necesidades. aspiraciones.

En este entendimiento, las contradicciones sociales y las diferencias sociales se entienden de forma activa, es decir, construyendo psicosocialmente y, al mismo tiempo, organizándose colectivamente.

El hombre comienza a emanciparse intelectualmente cuando, en su existencia como homo "faber" y homo "intelectos", descubre que su ciudadanía, a pesar de ser un derecho, debe ganarse, así como su humanización, a pesar de ser un propósito del "ser" hombre.

Un logro personal, cuando se fortalece y trasciende su hostil realidad; Un logro colectivo, cuando se organiza para el bienestar común.

La autoconciencia implica respeto por el otro, en la medida en que se entiende que la cristalización del "yo" en "sí mismo" es un ideal innecesario y catastrófico, que culmina en el individualismo con todos sus problemas.

La autoconciencia es el primer paso hacia la emancipación intelectual, porque es a partir de ahí que el ser humano llega a comprender la necesidad de cuestionar su rol, su función social en el mundo en el que vive.

También es el momento en que puede empezar a ver al otro bajo las bases epistemológicas que se ve a sí mismo, es decir, como un ser que tampoco necesita humanización. La autoconciencia pone al ser humano en el camino de la humanización porque no hay nada más humano que poder preguntarse y preguntarse: preguntar al mundo, dejar claro a este mundo que estás vivo, que existes, que estás atento a él; pregúntate, descubriendo que necesitas pensar (investigar, analizar, sintetizar, dudar, concluir, conceptualizar, comparar, responder, dudar de ti mismo y de todos).

En este proceso de autoconciencia se empieza a comprender que el hombre no es un ser humano, sino que, como diría Nietzsche, "el hombre es un puente que va del animal más allá del hombre". El más allá del hombre es el "ser humano". Pero hay puentes que llevan al hombre a las cárceles, a los determinismos, a los inatismos, a los estereotipos, a los estigmas, en fin, lejos de su proceso de humanización.

II - LA CONCIENCIA MUNDIAL CRÍTICA

A medida que la conciencia del yo se expande, la conciencia del mundo se desarrolla, en un proceso "uni dual". Sin embargo, este segundo va mucho más allá de la mera comprensión de la sociedad, con su desigualdad social.

También implica comprender al "otro", en sus distintas facetas; comprendiendo el mundo natural; por las acciones transformadoras resultantes de la comprensión, resultado del descubrimiento, por la conciencia, de sus posibilidades de cambio.

También implica la comprensión de los procesos históricos que llevaron a la culminación del mundo en el que vivimos, así como los impactos y cambios provocados por los desarrollos de la ciencia, especialmente los tecnológicos, como sus consecuencias para la vida en el planeta. La adquisición de conocimientos eruditos en este proceso es necesaria, pero también conocimientos eruditos, para esta conciencia, no es eficaz. Por dos razones:

a- La historia de relaciones conflictivas entre diferentes grupos sociales no es confiable, ya que siempre se cuenta desde la perspectiva de quienes se mantuvieron en el poder y, por tanto, lleva consigo una máscara, una esencia ideológica, para mantener el "status quo";

b- Asimismo, se difunde el conocimiento erudito: no se revelan las paradojas del desarrollo científico, como sus impactos sociales y ambientales y su legítima subordinación a los valores del Capital, en sus múltiples intereses.

Por otro lado, como mencionamos, la conciencia del mundo como aquello que viene de la familia, de internet o de la representación de los roles sociales tampoco posibilita esta conciencia del mundo porque, por ser particularistas, traen en sí mismos imprecisión, incoherencia. y fragmentación, características del sentido común y el conocimiento del sentido común.

Como en el proceso de toma de conciencia de uno mismo, el proceso de toma de conciencia del mundo se da también en el día a día de la confrontación de lo vivido con lo aprendido en las instituciones educativas, dialécticamente. En este enfrentamiento se revelan las paradojas y se muestran los rostros verdaderos de estos dos campos del conocimiento. En este choque, existe, en un primer momento, la posibilidad de problematizar la realidad. En un segundo, esta problematización se expande y se descubren dos paradojas esenciales:

1- Que no todo lo aprendido en las instituciones educativas es válido;

2- Que no todo lo que rodea al sentido común es inválido.

Es importante decir, sin embargo, que la conciencia que tiene el individuo del mundo está condicionada por el mundo en el que vive, es decir, por los valores subyacentes.

Dependiendo del mundo en el que vivas, puedes tener esta o aquella cosmovisión. No estamos hablando del tema desde un mero punto de vista, sino desde la condición social, cultural y económica del ser. Los grupos étnicos o grupos sociales que están o han sido marginados a lo largo de la historia, independientemente de la interpretación de los conocimientos eruditos sobre este tema, tienden a hacer prevalecer la comprensión del mundo dentro de su realidad sensible y, cuando se conoce, por su realidad histórica.

Aunque se trata de un proceso de sensibilización, aunque crítico, no puede ni debe entenderse como un camino seguro hacia la emancipación intelectual, por otras dos razones:

1- La comprensión del mundo en que vivimos, así como la conciencia de uno mismo, prescinde del desarrollo del yo, basado en el enfrentamiento del saber erudito con la vivencia de un espíritu cosmopolita que, siendo cosmopolita, es capaz de transitar por las diferencias.

En otras palabras, el individuo necesita ser parte, sentirse parte, a través de su comprensión, de una cultura planetaria sin perder, sin embargo, sus referencias étnicas. Necesita ser consciente del mundo macro y del micro mundo.

2- Es necesario comprender que todo hombre, siendo hombre, pertenece a su base, a una etnia planetaria.

Las diferencias culturales entre los hombres no los separan de esa base, solo los enriquecen, desde el punto de vista antropológico. Así, la conciencia del mundo del hombre debe permitirle actuar, sentir y pensar lejos de nacionalismos o particularismos, pero en línea con causas particulares y planetarias.

Es decir, cuando el hombre desarrolla una conciencia planetaria, naturalmente abandona las actitudes genocidas, xenófobas, racistas, porque también desarrolla la capacidad de respetar y convivir con las diferencias, sean las que sean. Además, porque es y se entiende no sólo como parte, sino como el todo, a la vez diferente e igual a todos los seres humanos, puede aprender de los diferentes y ser aprehendido por ellos.

En este sentido, la emancipación intelectual, como acto de libertad y autonomía para moverse y dialogar con las diferencias y diferencias, en la búsqueda de lo nuevo, es también epistemológicamente una ruptura con las fronteras jerárquicas del conocimiento. No solo con respecto a las disciplinas académicas, sino también con respecto a los valores subyacentes a las diversas visiones del mundo. La conciencia mundial no puede surgir del microcosmos gnosiológico en el que vive el ser. De esta manera, si es así, el individuo adquiere sólo el "de" la conciencia, la conciencia sobre cualquier especificidad y no se emancipa intelectualmente, porque sus acciones apuntan a resolver la parte y no el todo.

Particularizándose al extremo, se excluye del todo, se excluye del mundo, como actuando contra sí mismo, dominado por la ideología ortodoxa de preservar el yo, aunque sea inconsciente. Vale la pena mencionar, sin embargo, que la emancipación intelectual no pasa ni prescinde de la incorporación de todo conocimiento, incluso porque esto sería imposible. Es una ligereza de espíritu donde no hay ortodoxia ni paradigmas ortodoxos, ni verdades absolutas ni escepticismos absolutos, sino una apertura a lo nuevo.

Es el entendimiento de que el mundo, culturalmente hablando, no necesita ser el mismo, para que las personas tengan derecho y acceso a la equidad.

La conciencia del mundo, en este sentido, también implica una comprensión sobre el "otro", sobre el "no yo", sobre dicho "extraño", el diferente.

La emancipación intelectual, como proceso de humanización, reside y se fundamenta en la dinámica de la convivencia: no querer ser "yo siempre", ni "el otro completamente". Es decir, consiste en poder aprender y poder ser aprehendido por los diferentes para vivir, para ver mejor el mundo, para transformarlo sin, sin embargo, transformarlo y viceversa. La emancipación intelectual, ese proceso de humanización, comienza a darse cuando, intencionalmente, uno se dirige hacia el otro incorporando parte de él que nos hace aún más humanizados, mejor de lo que podemos estar solos, más emancipados que siendo rehenes de uno mismo. .

Sin embargo, sin, en el proceso, destruirnos a nosotros mismos, querer ser por completo, querer ser una especie de copia de él, admirarlo, deificarlo o tenerlo como nuestro arquetipo.

Pero, por otro lado, acosar al otro por no considerarlo como un ser digno de aprehensión, por no considerarlo solo como perteneciente a una cultura diferente, sino como una aculturación, nos empuja hacia nosotros mismos, como si nuestro yo fuera un solo dios, digno de aprecio y, todos los demás, seres de otras contingencias. La comprensión del mundo, en este sentido, tiene una conexión directa con la comprensión de uno mismo: si el ser se ve a sí mismo como algo completo y terminado, cerrado, entonces lo nuevo, diferente, de riquezas en este universo de "extraños", según él, no puede encajar en sí mismo, pero solo él, él mismo, puede encajar en otros. Esta comprensión nacionalista del yo lleva a este ser a sistematizar monólogos: querer siempre hablar y no querer nunca escuchar; siempre queriendo que sus ideas prevalezcan sobre las demás; cerrarse en un mundo de iguales, jerárquicamente hablando; Querer ser siempre él mismo: el mismo siempre.

En otras palabras, este ser nacionalista quiere que los demás vean el mundo como él lo ve, y en el otro extremo, que sea como él y que comparta sus principios y valores.

Es una especie de voluntad de catequizar al otro, sostenida bajo la égida de la intolerancia al diferente, en la misma medida que crea para el diferente, a partir de sí mismo, a partir de la cristalización del yo en sí mismo, las conjeturas. qué diferente, cómo debería ser el otro.

La emancipación intelectual y la humanización, en este aspecto, van más allá de la necesidad y la condición de una mera erudición del ser, pero también más allá del conocimiento adquirido en la experiencia, en la experiencia sensorial de cada ser.

Se da a partir de la incorporación de una postura gnosiológica entre las diferentes formas y tipos de conocimiento, potenciando el ser para poder actuar y transformar el mundo, a partir de acciones individuales y colectivas, en un espacio-tiempo más equitativo, más participativo. , porque también es tolerante y respetuoso con las diferencias.

La emancipación intelectual, la humanización, es una forma inter, multi y, al mismo tiempo, dialógicamente transdisciplinar de ser en y con el mundo. Es, en un sentido filosófico y pedagógico, aunque para algunos pueda resultar utópico, una forma de entender el mundo más allá de los paradigmas disciplinares, más allá de las fronteras del conocimiento, más allá de los xenofobos, las ortodoxias y, además de poder aprender de él, déjate aprehender tú también.

Es la acción intencionada, deliberada de construir una conducta ética, crítica, autocrítica, antinacionalista, orientada a la vez en el estudio, en la investigación, pero también en la existencia, en las aprehensiones empíricas vividas, vividas, en orden, con esto, dialógico. , pedagógica y dialécticamente, para poder superarse a uno mismo, para superar los simbolismos unilaterales de todo conocimiento, que impiden que los seres vean el mundo más allá de sus paradigmas ortodoxos.

Es negarlos: negar siempre sus formas llamadas "únicas", "verdaderas o correctas" de entender el mundo y a uno mismo. Tanto el humanismo radical de los sofistas, en el que se entendía al hombre como "la medida de todas las cosas", como el teocentrismo, el antropocentrismo, las ciencias y otras formas de conocimiento, llevaron a la humanidad a un laberinto. Es decir, a cosmovisiones particularistas, impregnadas de dogmatismos, frente a formas mitológicas de ver el mundo.

En las ciencias, por ejemplo, cada vez hay más disciplinarización, especificación de conocimientos y, en la misma medida catastrófica, ausencia de diálogo entre ellos.

Son necesarias diferentes visiones del mundo: los abismos que cristalizan y sistematizan entre sí son innecesarios.

No hay convivencia dialógica entre saberes, sino una jerarquía, una especie de xenofobia epistemológica entre ellos. Para emanciparse intelectualmente, para humanizarse, el hombre necesita ser indisciplinado, en el sentido de no estar atascado en disciplinas, paradigmas ortodoxos del saber, abstracciones del academicismo y trascender dialógicamente las brechas entre ellos. Sin embargo, esta erudición por sí sola todavía no es el camino de la emancipación intelectual, de la humanización, porque este camino, a diferencia de otros caminos, no es un don, un método, sino un logro, es decir, se hace caminando. . Es necesario que esta erudición se enfrente dialécticamente con la realidad sensible del ser, con su existencia, con su experiencia. La naturaleza creó al hombre. Sin embargo, corresponde al hombre, en el ejercicio de su racionalidad, en el deber de emanciparse intelectualmente, por la ley y, en consecuencia, por el deber de ser libre, de hacerse humano. Es decir, conquistar su humanidad, precisamente desde el momento en que, al ser lanzado al mundo, se siente extraño con él, pasa por las náuseas y descubre que el mundo en el que vive no tiene como valor la humanización.

ANEXO II
VOLVER A FILOSOFÍA
EL CAMINO A LA ELEVACIÓN Y / O LA REDENCIÓN HUMANA

I CAPÍTULO - ¿QUÉ ES LA FILOSOFÍA?

La palabra filosofía, etimológicamente, está formada por dos términos griegos:

1- **Philos**, que trae el primer y más completo significado de amor; y el segundo de amistad, de amigo; y

2- **Sofía**, que significa sabiduría.

Por tanto, se puede decir que filosofía significa, en suma, amor y / o amistad a la sabiduría.

Dentro de la historia, y más especialmente, dentro de la historia de la filosofía, la idea de que la filosofía nació en la antigua Grecia, a través del filósofo Pitágoras, a quien, preguntado por el príncipe Leonte sobre el origen de su sabiduría, se consagra humildemente. respondió que era solo un amante de la sabiduría. Sin embargo, con el tiempo, en la misma Grecia antigua, el significado de la filosofía se hizo más amplio y comenzó a significar no solo el amor y / o la amistad de la sabiduría, sino también el uso metódico de la razón (investigación racional en busca de la conocimiento) frente a las llamadas formas mitológicas de ver el mundo, que hasta entonces eran parte esencial de la cultura griega.

Los mitos / mitología (Zeus, Hera, Ares, Atenea etc.) representaron / representan un sistema de explicación del mundo, expresado en narrativas referentes a dioses, seres humanos, fuerzas de la naturaleza, constituido por un conjunto de creencias, para algunas fantasías, lleno de principios simbólicos, que, en resumen, proporcionaron explicaciones para la realidad universal. Es decir, los mitos tenían / tienen un contenido explicativo que no busca convencer, por la razón, a la conciencia racional de los hombres. En los mitos, a diferencia del conocimiento filosófico, se cree o no, según la voluntad, necesidad o fe de cada ser humano en particular.

Sin embargo, el nacimiento del conocimiento filosófico, es importante decirlo, no significó la desaparición del conocimiento mitológico, sobre todo porque los primeros filósofos comenzaron a desarrollar sus filosofías, en muchos casos, partiendo de axiomas (conceptos) mitológicos y, en este sentido, también compartiendo diversas creencias místicas mientras desarrollan sus conocimientos. Los mitos tenían / tienen la función de sensibilizar / convencer / corromper las estructuras más profundas y racionales de la mente humana, es decir, subvertir las estructuras racionales esenciales de la psique.

Filosofar, en este sentido, hoy, en la era posmoderna, es lo mismo que:

1- Transgredir formas de pensar convencionales y / o paradigmáticas; es decir, una forma de:

2- Subversión intelectual permanente;

3- Buscando comprender las relaciones entre las partes y el todo al mismo tiempo. Por tanto, también es:

4- Ser capaz de decir cualitativa y / o cuantitativamente lo contrario, basándose en fundamentos epistemológicos.

También está la cuestión del alcance del conocimiento filosófico, que veremos a continuación.

II CAPÍTULO - LA AMPLIACIÓN DEL CONOCIMIENTO FILOSÓFICO

El conocimiento filosófico, en poco tiempo, en la antigua Grecia, se puede decir, aunque el conocimiento mitológico no se ha extinguido, ganó fuerza y comenzó a englobar una serie de conocimientos, es decir, diferentes tipos de conocimiento, como las matemáticas. , astronomía, física, biología, lógica, ética, estética, etc.

Es decir, la filosofía empezó a integrar, sin divisiones y / o áreas de estudio específicas, a diferencia de las ciencias que conocemos hoy, compartimentadas en especializaciones, todos los conocimientos. El significado mismo de "universidad", por ejemplo, deriva exactamente de lo mismo que "universalidad del conocimiento en una unidad". Entonces se llegó a entender al filósofo como aquel que, al dedicarse al desarrollo del conocimiento, busca comprender, al mismo tiempo, de forma crítica e interactiva, tanto desde las partes como desde el todo, no atascarse en disciplinas o áreas. específico del conocimiento. Pensadores como Aristóteles, por ejemplo, se dedicaron a los problemas de lógica, ética, biología, política, virtud y vicio, etc. de manera integrada.

En la historia de la sociedad occidental, durante la Edad Media, se mantuvo este principio de universalidad del conocimiento, incluso en la construcción de las primeras universidades, a excepción de la teología, que se erigió y comenzó a desarrollarse como un conocimiento o estudio específico sobre Dios.

Durante la llamada edad moderna (siglos XV y XVI), sin embargo, con el desarrollo del antropocentrismo (humanismo y renacimiento) en oposición al teocentrismo y la filosofía / metafísica, este concepto amplio de la universalidad del conocimiento y, específicamente, del conocimiento filosófico, entró en un proceso de reducción, mutación / transformación, pues el desarrollo de dicho conocimiento científico, a partir de la sistematización de las llamadas nuevas ciencias, comenzó a dividir la realidad, el conocimiento, en objetos de estudio particulares y específicos.

Es decir, el conocimiento se dividió en disciplinas, áreas específicas de estudio, formación de especialistas y, en este sentido, el conocimiento filosófico / metafísico, basado en la búsqueda de la comprensión de la parte y el todo, fue reemplazado gradualmente por el conocimiento solo de las partes, las ciencias están delimitadas, limitadas de manera paradigmática, a investigaciones específicas de la realidad.

III CAPÍTULO - EL CAMPO DE LA FILOSOFÍA ACTUALMENTE

En las sociedades capitalistas occidentales contemporáneas, en un proceso de obsolescencia programada, siguen los procesos de especialización, es decir, cada día más las especializaciones del saber racional, delimitando sus áreas de actuación, se desprenden del concepto de universalidad del saber filosófico. Por tanto, nos preguntamos: hoy, en medio de estas disciplinarizaciones del conocimiento, estructuradas bajo líneas de estudio e investigación a través de las ciencias, ¿cuál es el verdadero papel de la filosofía?

Kant, al final de su vida intelectual, realiza una crítica feroz y radical del mundo caótico de las especializaciones científicas, que condujo a la humanidad a un laberinto, es decir, a formas particularistas de ver e interactuar con el mundo, profetizado en tono filosófico:

> "Los hombres volverán a la filosofía / metafísica como el hombre que vuelve a los brazos de su amada después de una pelea".

De hecho, no todos los hombres, luego de una pelea con sus supuestos seres queridos, por una serie de otras circunstancias, como el orgullo y la ignorancia, por ejemplo, regresan realmente a sus brazos.

Sin embargo, para aquellos que, movidos por la sabiduría y / o el amor, sean capaces de volver realmente a ellos, descubran que, para la filosofía, hoy permanece:

1- Busque una comprensión profunda de todos los seres;

2- Promover la reflexión y el diálogo sobre el desarrollo del conocimiento producido por todas las ciencias;

3- Dedicarse a buscar respuestas sobre dichos propósitos, significados y / o valores de la vida humana;

Con respecto al conocimiento, se puede decir que la filosofía también incluye estudios que se refieren a cuestiones temáticas y estructurales para el desarrollo de todos los demás conocimientos, tales como:

1- Teoría y crítica del conocimiento;

2- Fundamentos del conocimiento científico;

3- Lógica;

4- Estudios críticos sobre las paradojas entre la condición y la naturaleza humana;

5- Principio moral;

6- Política;

7- Estética.

En otras palabras, la filosofía hoy tiene la función de poder hacer a dicho ciudadano, como "ser social y animal político" (Aristóteles), capaz de desarrollar su llamado "sentido crítico", desarrollando y ampliando también su conciencia reflexiva. desde el desarrollo de su conciencia crítica de sí mismos y del mundo. En otras palabras:

> *"La filosofía hoy es el conocimiento que debe permitir al hombre, además de no actuar en consecuencia, poder transformar también el mundo,*

colectivamente, actuando por el bien común; y, de otro modo, poder también transformarse, humanizándose y, al mismo tiempo, si es necesario, también su realidad hostil (ya sea la de un ser dicho excluido social, culturalmente o de cualquier otra índole). naturaleza). "(mi énfasis)

IV CAPITULO - LA FUNCION SOCIAL DEL FILOSOFO

Como se puede ver, siguiendo el capítulo anterior, Filosofía, aunque muchos no lo sepan:

1- No es ciencia

2- No es religión

3- No es mitologia

4- No es cosmología;

5- Tampoco hay forma de saber que puede ser:

6- Enlatado,

7- Empaquetado

8- Comercializado y / o vendido en el mercado de consumo como sabiduría.

En este sentido, incluso los cursos de filosofía, no forman filósofos, sino solo conocedores del conocimiento filosófico, porque filosofar no se enseña: se vive, se aprende …

En otras palabras, filosofar no es:

1- Aprenda el conocimiento filosófico y repítalo, como loros; no es:
2- Expresar pensamientos ya pensados por otros pensadores.

Filosofar es:

1- Por el uso o no de todo conocimiento, místico, mítico, científico, empírico, pragmático y etc. Ser capaz de situarse conscientemente crítico ante el mundo, frente a múltiples culturas, valores, formas de conocimiento, etc., con el objetivo de destruir y construir nuevos valores y significados, es decir:

2- Es poder discernir;

3- Para evaluar;

4- Criticar; y...

5- Señalar formas de problemas sociales, ya sean colectivos o propiamente individuales.

Por esta y otras razones, tenga en cuenta:

> *"En ninguna sociedad ideológica, desigual y esclavista, los filósofos son bien considerados, ya que su mera existencia representa una amenaza para los propósitos anti-equitativos de cualquier orden establecido".* (mi énfasis)

Entonces, enfatice nuevamente:

> *"Tratar de descalificar la filosofía, conociendo y derogando al filósofo, como sujeto pensante, ha sido durante mucho tiempo el papel de las élites conservadoras".*(mi énfasis)

Por ejemplo, las comparaciones, difundidas en sentido común, del filósofo como se dice no son raras:

1- Loco; y, desde la filosofía:

2- Como se ha dicho, "la cosa tal que, sin la cual, el mundo permanece tal como es".

Las élites conservadoras llevan siglos intentando transformar la filosofía, antes que el imaginario social, en una especie de conocimiento inútil, que no tiene relevancia práctica, aunque no sea precisamente pragmática, para resolver problemas sociales y personales.

Sin embargo, aun con todo este intento de abortar la filosofía, las paradojas sociales, ya sea en temas ambientales o en cuestiones de conocimiento científico, se ha aclarado la necesidad de su resurgimiento, es decir, del retorno del conocimiento, como el filosófico. , que sea:

1- Mas complejo;

2- Más cuestionador y / o crítico de la dinámica social posmoderna;

3- Capaz de señalar caminos y nuevas soluciones a problemas complejos.

Es decir, las ciencias -bajo la base del pragmatismo norteamericano, en muchas áreas del conocimiento- no logran dar a la sociedad explicaciones racionalizadas de manera compleja y, así, terminan convirtiéndose en dogmas por una excesiva especialización del conocimiento. Por ejemplo, las ciencias, en general, aceptan la tesis evolutiva y dicen que el hombre se originó en la misma familia que los grandes simios (gorila, orangután, chimpancé), sin embargo, nunca se había reproducido en el país ningún tipo de experiencia de esta naturaleza. laboratorios y / o el mismo fenómeno, que se sabe que continúa ocurriendo en la naturaleza.

Es decir, hay evidencia, probabilidades, etc. En este y muchos otros casos, por lo tanto, la ciencia solo apoya dogmas. Como señalamos, las ciencias surgieron, en las sociedades occidentales, del humanismo y el Renacimiento (en oposición al teocentrismo y la filosofía / metafísica), prometiendo resolver todos los problemas sociales y humanos sin, sin embargo, haber logrado éxitos plausibles en el que se refiere a la desigualdad social, aunque los avances tecnológicos se han generalizado en las últimas décadas.

CAPÍTULO V - DEL SIGNIFICADO DE LA FILOSOFÍA

La filosofía, por tanto, no es algo utilitario, algo que pueda producirse a gran escala y transformarse, a través de ella, como lo hace la industria cultural y / o las ciencias técnicas, seres diferentes en iguales. La filosofía es lo que cada ser particular, a través de él, al ejercitarlo, se afirma como el ser que es, en un proceso dialógico de aprendizaje de los demás. Es decir, "aprender, con los diferentes, cosas que pueden hacerte mejor de lo que eres, pero sin, sin embargo, en el mismo proceso, querer ser copia de lo mismo y / o de lo mismo".

BIBLIOGRAFÍA DE ANTROPOLOGÍA SOCIAL

ADORNO, Theodor W. Introducción a la sociología. San Pablo. Ed. UNESP, 2008.

ADORNO, Theodor W., Horkheimer, Max. Dialéctica de la iluminación. Río de Janeiro: Zahar, 1985.

BEALS, Alan. Antropología cultural. México / Buenos Aires, Centro Regional de Asistencia Técnica, 1971.

BENEDCT, Ruth. El crisantemo y la espada. São Paulo, 1971, perspectiva.

GEERTZ, Clifford. La transición a la humanidad. En Sol Tax (org.), Panorama da Antropologia, 1966. Río de Janeiro, antecedentes culturales.

BOURDIEU, Pierre. Razones practicas. 4. Ed. Campinas: Papirus, 1996.

KEESING, Felix. Antropología cultural, Río de Janeiro, 1961. Fondo cultural.

KROEBER, Alfred. "Lo superorgánico", en Donald Pierson (org.), Estudios de organización social. São Paulo, 1949, librería de la editorial Martins.

LARAIA, Roque de Barros. Cultura: un concepto antropológico. 18. Ed. Río de Janeiro. Jorge Zahar Editor, 2005.

LÉVI-STRAUSS, Claude. El pensamiento salvaje. São Paulo, Cia. Editora Nacional, 1976.

LEVINE, Donald. Vistas de la tradición sociológica. Río de Janeiro: Zahar. 1997.

BLOQUEO, John. Ensayo sobre el entendimiento humano. Colección Pensadores, São Paulo, Abril Cultural.

MERCIER, Paul. Historia de la antropología. Río de Janeiro, Civilización brasileña, 1977.

SAHLINS, Marshall. Cultura y medio ambiente: el estudio de la ecología cultural, en Sol Tax (org.) Panorama de la Antropología. Río de Janeiro, Fondo de Cultura.

_ Cultura y razón práctica. Río de Janeiro, Zahar Editor.

VELHO, Gilberto y VIVEIROS DE CASTRO, Eduardo. "El concepto de cultura y el estudio de sociedades complejas". Cuadernos de cultura. USU (Universidad Santa Úrsula), año 2, nº 2, Río de Janeiro, 1980.

BIBLIOGRAFÍA DE LA FILOSOFÍA DE LA EDUCACIÓN POLÍTICA

APPLE, M. Educación y poder. Porto Alegre: Artes médicas, 1989.

BOURDIEU, P. Reproducción. Río de Janeiro: F. Alves, 1975.

LA COLECCIÓN THINKERS: relacionada con el pensamiento de Aristóteles, Sartre y otros.

COSTA, Cleberson. Emancipado y mediocre. Rio de Janeiro. Amazon.com, 2012.

COSTA, Cleberson. La complejidad de lo obvio. Rio de Janeiro. Club de Autores, 2012.

DELORS, Jacques. Educación para el siglo XXI: problemas y perspectivas. Puerto Alegre. Artmed, 2005.

FREIRE, Paulo. Pedagogía de la autonomía. San Pablo. Paz y Tierra, 1996.

FRIGOTTO, Gaudêncio. Educación y crisis del capitalismo real. São Paulo: Cortez, 1996.

GENTILI, P. y FRIGOTTO, G. (ORG). Ciudadanía denegada: políticas de exclusión en educación y trabajo. São Paulo, Cortez, 2002.

SAVIANI, Dermeval. Escuela y Democracia. San Pablo. Cortez, 1998.

MORIN, E. Los siete tipos de conocimientos necesarios para la educación del futuro. San Pablo. Cortez; BRASILIA: UNESCO, 2001.

RANCIÈRE, Jacques. El maestro ignorante: cinco lecciones sobre emancipación intelectual. Belo Horizonte: auténtico, 2002.

BIBLIOGRAFÍA BÁSICA DE FILOSOFÍA

BOBBIO, Norberto et alii. Diccionario de políticas. Trad. Luiz guerrero Pinto Cacais et alii. Brasilia, Ed. Universidad de Brasilia, 1986.

BOBBIO, Norberto. El concepto de sociedad civil. Río de Janeiro, 1995.

BOCHENSK, Innocentius Marie. Filosofía occidental contemporánea. Trad., Coord. Y rev. Alfredo Bosi. São Paulo, Mestre Jou, 1982.

CHÂTELET, François, dir. Historia de la Filosofía: ideas, doctrinas. Río de Janeiro, Zahar, 1981. 8v.

FOULQUIÉ, Paul. Existencialismo. Trad. J. Guinsburg. 3ª ed. São Paulo - Río de Janeiro, Difel, 1975.

MOUNIER, Emmanuel. Introducción a los existencialismo. Trad. João Bénard da Costa. São Paulo, librería dos ciudades, 1963.

LOS PENSADORES. São Paulo, abril cultural. Colección de la que se utilizaron los volúmenes: Aristóteles, Heidegger, Kant, Locke, Marx, Sartre, Descartes y Francis Bacon.

www.ingramcontent.com/pod-product-compliance
Lightning Source LLC
Chambersburg PA
CBHW060403290526
45791CB00002B/594